Rodulfo González

LA QUEMA DEL AÑO VIEJO EN ALGUNOS PAÍSES LATINOAMÉRICANOS

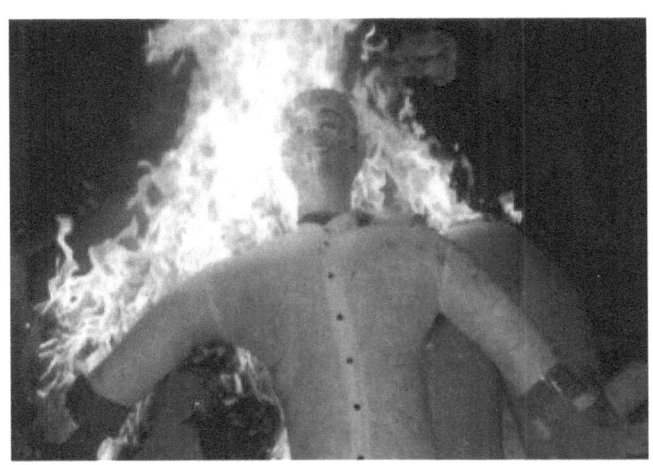

Estado Nueva Esparta, Venezuela,
Junio de 2018

ISBN: 9781712891292

La quema del año viejo en Latinoamérica

Producción: Centro de Investigaciones Culturales Neoespartanas (CICUNE)
cicune@gmail.com

La quema del año viejo en Latinoamérica

Contenido

EL AUTOR 7
PÓRTICO 13
   UNA EPIDEMIA DE FIEBRE AMARILLA INICIÓ LA TRADICIÓN EN ECUADOR 17
   EN COLOMBIA LA QUEMA DEL VIEJO SE PRODUCE EN ALGUNOS DEPARTAMENTOS 25
   PERÚ CELEBRA A SU MANERA LA QUEMA DEL AÑO VIEJO 33
   NO EN TODA VENEZUELA ES QUEMADO EL AÑO VIEJO 39
      Leída del testamento 51
   LA QUEMA DE MONOS EN CHILE 55
   LA QUEMA DE MUÑECOS DE FIN DE AÑO EN ARGENTINA 57
   NO TODOS LOS MEXICANOS CELEBRAN LA QUEMA DEL AÑO VIEJO 63
   LA QUEMA DEL AÑO VIEJO EN PANAMÁ 65
   LA QUEMA DE EL VIEJO EN NICARAGUA 69
      El viejo se alegra por el Canal 72
   HONDURAS 81

La quema del año viejo en Latinoamérica

EL AUTOR

Eladio Rodulfo González, quien firma su producción periodística y de todo género con los dos apellidos, nació en el caserío Marabal, hoy en día parroquia homónima del Municipio Mariño del Estado Sucre, Venezuela, el 18 de febrero de 1935. Es Licenciado en Periodismo, Poeta, Trabajador Social e Investigador Cultural.

El 15 de abril de 1997 creó el Centro de Investigaciones Culturales Neoespartanas (CICUNE).

Publica diariamente los Blogs: "Noticias de Nueva Esparta" y "Poemario de Eladio Rodulfo González".

Escribe en los portales poéticos Unión Hispanomundial de Escritores (UHE) Sociedad Venezolana de Arte Internacional (SVAI) y Poemas del Alma, de los cuales es miembro.

Publicaciones digitales. Además de la presente obra, ha publicado en formato digital los títulos *Prosa Digital Escogida, La Quema de Judas en Venezuela (2017-2018), La Quema de Judas en Venezuela 2016, La Quema de Judas* en Venezuela 2015, *La Quema de Judas en Venezuela (2013-2014)*, *Cuarta Antología de Poemas Comentados y Destacados*, *Dos Localidades del Estado Sucre*, *¡Cómo dueles, Venezuela!*, *Primera Antología de Poemas Comentados y Destacados*, *Grandes Intérpretes del Bolero*, *Poemas Disparatados*, *Poemas Comentados*, *Gobernadores Contemporáneos del Estado Nueva Esparta*, *Textos Periodísticos Escogidos* (dos volúmenes); *La Niña de El Samán*, *Cien Sonetillos*, *Poesía Política*, *La Historia de Acción Democrática en Tres Reportajes Periodísticos*, *Elegía a mi Hermana Alcides*, *La Niña de Marabal*, *Festividades Patronales del Municipio Antolín del Campo*, *La Libertad de Prensa en Venezuela*, *Ofrenda Lírica a Briceida*, *Cristo en la Devoción Religiosa Católica Neoespartana*, *Festividades Patronales del Municipio García*, *Patrimonio Cultural Mariñense*, *El Municipio Gómez del Estado Nueva Esparta*, *La Virgen María en la Devoción Religiosa Neoespartana*, *El Municipio Marcano del Estado Nueva Esparta*, *Segunda Antología de Poemas Comentados y Destacados*, *Cuatro Periodistas Margariteños*, *La Quema del Año*

Viejo, Festividades Patronales Mariñenses, Catorce Años de Periodismo Margariteño, Tercera Antología de Poemas Comentados y Destacados, La Quema de Judas en Venezuela y *Grandes Compositores y Compositoras de Bolero.*

Publicaciones en papel. *El Gallo en el Arte, la Literatura y la Cultura Popular, Pelea de Gallos, Patrimonio Cultural Mariñense, Festividades Patronales Mariñenses, La Desaparición de Menores en Venezuela, Problemas Alimentarios del Menor Venezolano, Niños Maltratados, Háblame de Pedro Luis, Siempre Narváez, Estado Nueva Esparta:1990-1994, Caracas sí es gobernable, Carlos Mata: Luchador Social, Así se transformó Margarita, Margarita y sus personajes* (cinco volúmenes; *Vida y Obra de Jesús Manuel Subero, La Mujer Margariteña, Breviario Neoespartano, Margarita Moderna, Festividades Navideñas, Cuatro Periodistas Margariteños, Morel: Política y Gobierno, Manifestaciones Culturales Populares de la Isla de Coche, Francisco Lárez Granado El Poeta del Mar, El Padre Gabriel, Manifestaciones Culturales Populares del*

Municipio Gómez, Manifestaciones Culturales Populares del Municipio Marcano, Ofrenda Lírica a Briceida, Marabal de Mis Amores, La Niña de Marabal, Elegía a mi Hermana Alcides, Dos Localidades del Estado Sucre y los trípticos literarios *A Briceida en Australia, Colorido, Elevación, Divagaciones y Nostalgias.*

Publicaciones en CD. *La Libertad de Prensa en Latinoamérica y otros textos, Festividades Patronales Mariñenses, Elegía a mi Hermana Alcides, La Niña de El Samán, Marabal de Mis Amores, Festividades Patronales del Municipio Villalba y Festividades Patronales del Municipio Antolín del Campo.*

La quema del año viejo en Latinoamérica

La quema del año viejo en Latinoamérica

PÓRTICO

La Quema del Año Viejo, como la Quema de Judas, es un monigote que se fabrica con ropa vieja, cartón o papel, relleno de paja, aserrín y frecuentemente con artefactos pirotécnicos y representa al año que culmina.

Como lo indica su nombre, la ceremonia se lleva a efecto en, México, Colombia y Venezuela, entre muchos otros países latinoamericanos.

En Venezuela, a diferencia de la Quema de Judas, que cubre toda la geografía nacional, su ritual está circunscripto a los estados andinos y Zulia.

Es un ritual de purificación para alejar la mala suerte o las energías negativas del periodo que termina, así como de transición pues también se celebra la llegada del nuevo año aboliendo lo anterior.

Se le atribuye un origen hispánico y como en la Quema de Judas antes de su cremación es leído el testamento satírico. Por regla general el viejo puede representar a políticos, deportistas, artistas, cantantes, personajes de la televisión, superhéroes, etc.

En algunas partes son construidos con ropa vieja y rellenos de papel periódico o aserrín. La cara del monigote a quemar es hecho generalmente con papel maché. En otros lugares son construidos de cartón, papel periódico y goma pintados con las características de los personajes a quemar ese año.

La noche del 31 de diciembre los viejos son colocados en las puertas de las casas con los famosos testamentos donde se detallan las "cosas que deja el año viejo al que viene" estos son realizados en forma de sátira. En muchas zonas tanto urbanas como rurales los hombres se travisten de viudas para pedir caridad por el viejo que se muere.

Su quema se produce a las 12 de la noche, cuando muere el año viejo y nace el año nuevo, con bastante estruendo, ya que es común que los mamarrachos sean rellenados con cohetes, luego de lo cual se cena en familia y se disfruta de festejos.

La incineración a la medianoche del 31 de diciembre del muñeco es un ritual de purificación para alejar la mala suerte o las energías negativas del periodo que termina, así como de transición pues también se celebra la llegada del nuevo año aboliendo lo anterior. Como ritual de fuego representando la supresión de lo pasado para permitir una regeneración del tiempo y de las energías, la quema de un muñeco es común en muchas culturas y aun con transposición de fechas y de épocas tiene similares significados.

La quema del año viejo en Latinoamérica

UNA EPIDEMIA DE FIEBRE AMARILLA INICIÓ LA TRADICIÓN EN ECUADOR

Wikipedia. La enciclopedia libre, revela que "Los primeros datos sobre la existencia de los años viejos en nuestro país son de 1895, cuando una epidemia de fiebre amarilla azotó a los guayaquileños". Por lo tanto, "Como medida sanitaria confeccionaron atados de paja y ramas con los vestidos de los familiares muertos, para quemarlos en la calle el último día del año y ahuyentar así la peste y la desesperanza". Evento representativo "de lo viejo y el inicio de lo nuevo, de dejar el pasado y de proyectar el futuro", mediante "muñecos, conocidos como años viejos o monigotes hechos con aserrín", los cuales "Cada año se lo llora, las viudas y herederos acompañan al viejo hasta el último minuto", y "cuando fallece, su notario da lectura al testamento para repartir toda la herencia acumulada durante el año, mediante el cual deja bienes, cualidades, defectos y penas, dando así a conocer lo ocurrido en el testamento, que no es otra cosa que una evaluación crítica de lo vivido con mucho humor".

Añade la fuente que "En diferentes ciudades de Ecuador se realizan concursos de años viejos, muchos de los cuales son tradicionales desde hace más de 40 años".

Desde el año 2000 en el Malecón Bolívar de Guayaquil es posible apreciar estos monigotes en tamaño grande con leyendas o testamentos de los hechos más destacados en ese país y en el mundo.

En esa ciudad se ha hecho costumbre que las personas recorran los barrios de la ciudad para que el viejo haga su último paseo.

En Quito, la capital de Ecuador, la gente se aglomera en la avenida Amazonas para presenciar el concurso de los viejos.

Un texto de MYV, publicado en la Web el 31 de diciembre de 2015 bajo el título de "Quema del año viejo en Ecuador, una tradición cargada de emotividad", ratificó el año 1895 como la fecha que marcó el inicio de esa manifestación cultural en ese país a raíz de una amenaza de fiebre amarilla en Guayaquil.

El referido evento consiste en un monigote elaborado con aserrín, papel, ropa vieja, entre otros elementos, que dan el paso a la creatividad, el buen humor y los buenos deseos que se funden en un abrazo con familiares, amigos y vecinos a las cero horas del 31 de diciembre de cada año.

Esta fuente digital precisó que "Con el pasar del tiempo se ha ido modificando esta tradición en todo el país hasta convertirse hoy en una fiesta de gran humor, algarabía y picardía".

MYV añadió que en Quito la denominada "sal quiteña" ha incorporado las viudas, (hombres vestidos de "voluptuosas" mujeres), que lloran "al viejito que se va… y que piden a los transeúntes una limosnita para enterrarlo".

Uno de los entrevistados, Xavier Pérez, quiteño nacido en el barrio La Floresta, recordó que desde hace 35 años la tradicional avenida Amazonas, centro-norte de la ciudad, se ha convertido en la puerta de entrada de esta celebración por el Concurso de Años Viejos, que cada año convoca a miles de turistas nacionales y extranjeros, que llegan para disfrutar del humor del que los quiteños hacen gala en esta celebración; es en esta fiesta donde se da rienda suelta a la sátira de la que no se salvan ni los santos, agregó.

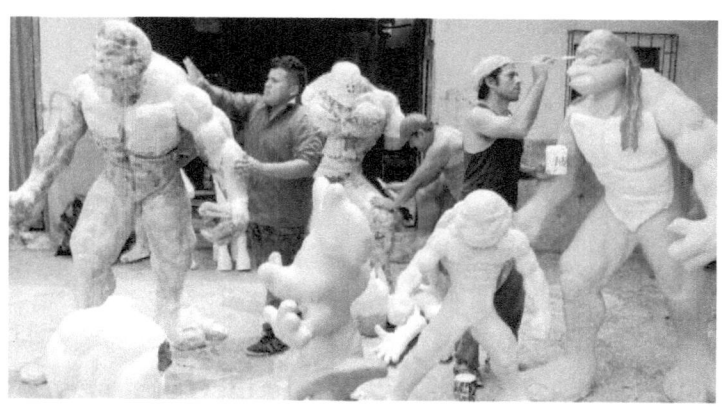

-A esto se suma, -añadió Pérez-, el tradicional testamento del Año Viejo, que es leído por un "notario". El texto está lleno de humor y bromas, pues se deja de herencia bienes "ajenos", amores imposibles, recetas para salir de pobres, para rejuvenecer, para cambiar de genio, se recomienda "mejorar cualidades, superar defectos, odios y rencores", para dar paso a la alegría y esperanza de mejores días en el nuevo año. El testamento no es otra cosa que una evaluación crítica-humorística de lo vivido durante el año que termina, asegura.

En cuanto a Guayaquil, cuna de la tradición, MYV explicó que los muñecones y 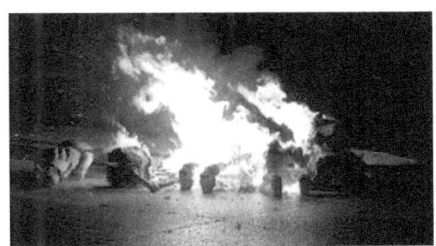 gigantes figuras de cartón poco a poco han ido reemplazando a los de aserrín, papel y ropa vieja y "Familias enteras han visto una fuente de ingresos en la confección de estas figuras, que son ofertadas desde el 25 de diciembre en puntos estratégicos de la ciudad", como Francisco Quimis, quien junto con su familia "cumple ya 25 años de elaborar los muñecones, cuya elaboración inicia a mediados de año con la definición de la temática, que en muchos casos responde a personajes del cine y series de televisión, a lo que se suman hechos y personajes de la vida nacional".

Gladys Franco por su parte le explicó a MYV "que la tradición manda como cábala servirse 12 uvas a las cero horas, para que nunca falte el alimento en casa; correr por la cuadra de su casa con maleta en mano, para garantizar que viajará en el nuevo año; escribir todo lo malo que ha ocurrido en el año y quemarlo junto al monigote de año viejo para que se aleje la mala suerte, vestir ropa interior amarilla para atraer a la suerte.

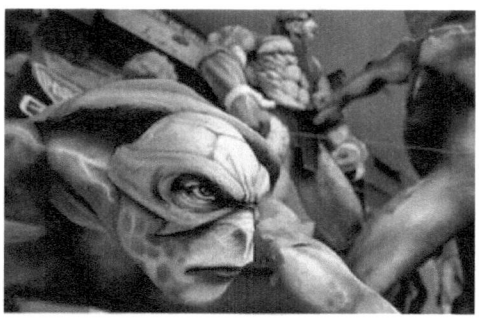

La informante añadió otra cábala del ritual la de poner dinero en un bolsillo o en los zapatos y olvidarse que está allí "para que de esa manera no nos falte dinero en el nuevo año"

En ese país la celebración concluye con un brindis entre familiares y/ o amigos, aunque "se ha vuelto una tradición que miles de ecuatorianos reciban al nuevo año en las playas en medio de música, danza, fuegos artificiales como parte de nuestra cultura", acotó Gladys Franco.

Finalmente, en Sangolquí, hay diferentes presentaciones y concurso de viejos a lo largo de la calle principal.

La quema del año viejo en Latinoamérica

EN COLOMBIA LA QUEMA DEL VIEJO SE PRODUCE EN ALGUNOS DEPARTAMENTOS

Esta manifestación cultural popular no se celebra en toda la geografía colombiana y tiene distintas características.

De tal modo que en los departamentos de Nariño y Putumayo, "usualmente cada familia coloca un muñeco relleno de aserrín o papel en la parte exterior de la casa, lo sientan en una silla junto a una mesa donde hay una botella de licor". Asimismo, "A veces los barrios se organizan y forman una escena más compleja que se exhibe sobre una tarima", donde "suelen representar acontecimientos políticos, nacionales o internacionales, con humor, sarcasmo o cinismo. De igual modo "Hay concursos de años viejos en las principales ciudades". En paralelo, "desde temprano del último día del año varios jóvenes se disfrazan de "viudas" que lloran la muerte del año que se va quemar y piden una limosna, dinero que se utiliza en la compra de los materiales con que se fabrica el "viejo". Aunque "Actualmente se conserva más la costumbre de petición de "caridad para el viejo" que la del disfraz".

Toda esta información, como la que sigue, ha sido tomada de Wikipedia. La enciclopedia.

Pero en los departamentos de Cauca, Huila y Tolima "al muñeco se le llama Taitapuro que es una deidad indígena", y "En la región nororiental andina colombiana y específicamente en el departamento de Santander se les denomina carranchos o carrancios.

Por último, en los departamentos Atlántico, Bolívar, Magdalena, La Guajira, Córdoba y Sucre también se hace la Quema del Año Viejo. Por cierto, la canción "El año viejo", del compositor Crescencio Salcedo, nativo del Departamento Bolívar, que se hizo popular en la voz del mexicano Tony Camargo, es casi un himno en Latinoamérica que se escucha en la radio y la televisión al morir el año.

"¡A quemar los 'Años Viejos'!" fue el título con el cual Francisco Argüello publicó el 10 de enero de 2010 un texto en http://www.elmundo.es/america sobre la manifestación en Neiva, Huila.

- María Dolores Cangrejo —escribió- no duerme desde hace dos noches. En su casa ubicada en La Libertad, deprimido sector de Neiva, Huila, no para de coser un enorme muñeco 'Año Viejo' que prepara para prenderle candela en la media noche del 31 de diciembre.

La encorvada y rucia mujer de 85 años, sacude sus manos, enreda gran cantidad de hilo y remienda con precisión el pantalón de 'Obama', como bautizó a su figura en honor al presidente de los Estados Unidos.

Ana Julieta, su hija adorna la cabeza con un sombrero de pindo y lo amarra con precaución, mientras Jacinto Mejía, jefe del hogar, tiñe de negro la tela que va sobre la cara de la figura del mandatario estadounidense.

El retrato hecho en tela y relleno de papel, algodón y hasta viruta (material extraído de la madera), se observa casi perfecto.

Antes que caiga la noche, la mujer lo eleva en una carretilla y comienza a pasearlo por las calles de Neiva donde los retratos de "Álvaro Uribe", "Hugo Chávez", "Osama Ben Laden" y hasta el ya fallecido "Mono Jojoy", jefe guerrillero, salen a recorrer las últimas horas de vida, como explica María Dolores, mientras compra los triquitraques, castillos, cohetes, resonantes, voladores y hasta pequeños petardos con que le prenden candela al muñeco de trapo.

En el recorrido lleno de agua y harina, la mujer cuelga del cuello del Año Viejo un caldero donde pide dinero para lo que llama 'su muerte'. "Me dan hasta los $20 mil en monedas".

El uso de la pólvora está prohibido legalmente debido a la cantidad de niños quemados durante la Quema del Viejo en 2009, pero sus cultores hacen caso omiso de tal norma restrictiva y emplean triquitraques, cohetes, resonantes, etc.

El texto digital precisó que "En las calles se divisan decenas de muñecos sentados en sillas de mimbre y en las carreteras alejadas, los pobladores atraviesan lasos y no dejan pasar los vehículos hasta que no aporten económicamente a la pólvora del muñeco" y adicionó que "En Neiva, estaciones de radio como Olímpica Stéreo programan desfile de años viejos y se premian al muñeco más novedoso y creativo", resultando ganadora en 2009 la figura de la entonces senadora colombiana Piedad Córdoba, cuyo monigote tenía sobre sus piernas una fotografía del ya muerto dictador venezolano Hugo Chávez y hasta una boina roja.

En esa ciudad capital del Departamento Huila, además de la Quema del Año Viejo, las familias acostumbran comerse 12 uvas verdes y pedir igual número de deseos.

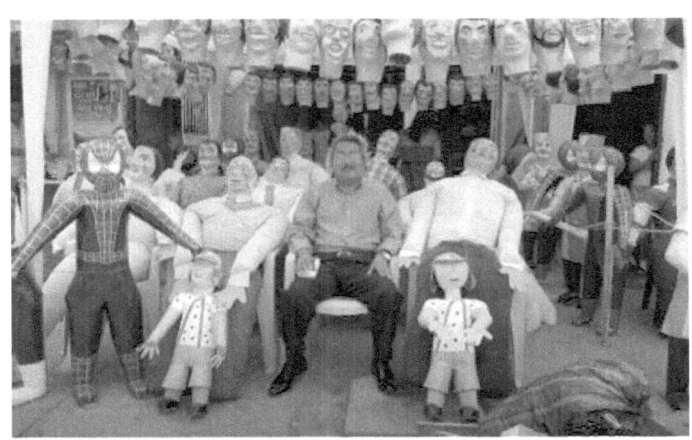

'La quema de Año Viejo, una tradición llena de esperanza" fue el título que Marllelys Salinas, del portal EL PILÓN, puso al texto que escribió sobre la manifestación en Valledupar, el cual se reproduce a continuación:

'Apenitas,' ubicado en el barrio Los Fundadores, fue elaborado por la familia Moreno con vestido con jean, camisa y una botella de whisky. Este Año Viejo tiene un letrero que insta a la población a reconocer lo bueno de los años experimentados.

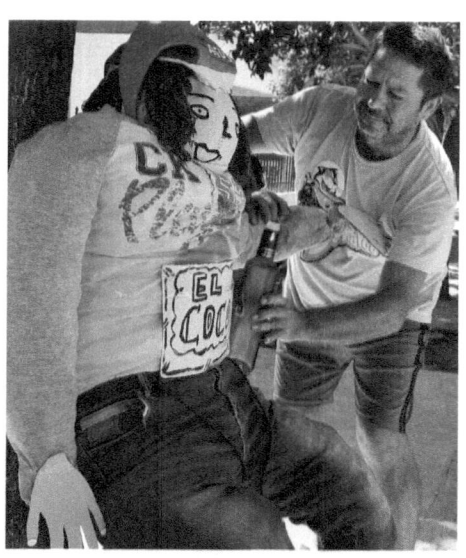

"El mensaje lo colocó mi hija y es para que las personas lo vean y analicen. Tradicionalmente los Años Viejos los armó desde los catorce años porque es una costumbre que aprendí en el pueblo donde nací y que me parece importante conservar", dijo Yamile Moreno, natural de Chimichagua, Cesar.

Sin embargo, estos muñecos no solo son sinónimo de agüero, porque en ellos también se pueden encontrar la representación de las habilidades, las necesidades o el sentimiento negativo de las comunidades. 'Coco', el Año Viejo que representa la inteligencia está ubicado en la calle 22 con diagonal 18A del barrio Siete de Agosto, hecho por un estudiante de décimo grado.

Particularmente este personaje es elaborado por ropa vieja, aserrín, papeles, paja, cartón u otros elementos desechables sensibles al fuego, debido que la costumbre indica que se debe quemar para abrir el nuevo capítulo del próximo año.

Por esta razón para muchos es un acto divertido o simplemente simbólico. "Quemar el muñeco para mí es significativo, porque es dejar ir todos los aspectos negativos que viví para dar paso a otros hechos de prosperidad en el año venidero", comentó Ricardo Cali, quien reside en la calle 14C del barrio La Popa, occidente de Valledupar, y tradicionalmente fabrica al señor 'Calle', como denomina su Año Viejo, desde hace dos años.

Otros barrios que también se unieron al popular personaje son la Ciudadela 450 años, Fuente Zuleta, Populandia, Tobías Daza; al igual que en corregimientos de la capital cesarense.

¿Cuál es su significado?

Según académicos, la quema del Año Viejo es un ritual que hace parte de las celebraciones de fin de año o noche vieja, en donde los muñecos toman vida para representar acontecimientos o personajes más significativos, sobre todo negativos, del año transcurrido, que pasan a segundo plano con su incineración a la medianoche del 31 de diciembre. Como una manera de purificar o alejar la mala suerte y de paso también celebrar la llegada del nuevo año.

PERÚ CELEBRA A SU MANERA LA QUEMA DEL AÑO VIEJO

También por Wikipedia. La enciclopedia libre nos enteramos que "Diversas comunidades peruanas celebran el rito del año viejo de manera similar que en los países vecinos, es decir elaborando la efigie del año viejo con materiales desechables y elementos pirotécnicos para ser incinerada a la medianoche en medio de festejos; pero algunas son muy características por incluir elementos míticos aborígenes".

Añade la información que "Por ejemplo, en el Distrito de Parco... el año que termina es representado por un muñeco que es igualmente incinerado al final de la jornada en la plaza del pueblo, pero es acompañado de un conjunto de danzantes o "waquis", cada uno de los cuales representa el año que se va, vistiendo ropas pobres, sombrero raídos, alpargatas de cuero de oveja, máscaras de madera en las que se tallan diversas expresiones de estados de ánimo y llevando en la mano una sonaja artesanal confeccionada por él mismo con un pedazo de rama y chapas de botellas aplanadas que hacen sonar mientras danzan a su ritmo mostrando cansancio y pena de tener que irse fingiendo llorar, burlándose de los asistentes a la plaza y realizando piruetas bufonescas, para luego recorrer las calles de la localidad acompañados de músicos para invitando a los pobladores, quienes salen hasta las puertas de sus casas a manera de despedida. Finalmente, en el clímax de la jornada, el festejo se transforma en un baile frenético que simboliza el hecho de que los danzantes, es decir el año que fenece, quieren aferrarse al tiempo, acompañados de todos los pobladores en una gran fiesta general que durará hasta muy entrada la noche del año que recién empieza.

Sobre el tema de estudio https://www.deperu.com dio a la publicidad el siguiente texto:

El muñeco de Año Nuevo, conocido como Año Viejo, es un monigote que representa al año que termina y es elaborado básicamente con ropa vieja, cartón o papel, relleno de paja o aserrín para ser quemado a la medianoche del 31 de diciembre.

El ritual hace parte de las celebraciones de fin de año o nochevieja y los muñecos pueden representar a los acontecimientos o personajes más significativos, sobre todo negativos, del año transcurrido, y su incineración a la medianoche del 31 de diciembre es un ritual de purificación para alejar la mala suerte y de transición pues también se celebra la llegada del nuevo año. En muchos lugares, después de la quema, se lee un "testamento", en el cual el "difunto" con lenguaje irónico o satírico hace recuento de los sucesos y da recomendaciones a sus protagonistas.

Las personas que se encargan de hacer los muñecos, toman la quema del Año Viejo como una responsabilidad de la comunidad, y año tras año, se encargan de hacer el muñeco y redactar el "testamento". Es tanto el compromiso de elaborar al muñeco, que en todo el año se lleva un registro anecdótico de los miembros de la comunidad, para olvidar el olvido de algún acto o situación bochornosa de uno de sus miembros.

La quema del año viejo en Latinoamérica

Esta costumbre es atribuida a un origen hispánico y en España esa costumbre posiblemente se derivó en rituales antiguos paganos europeos, como las saturnales de los romanos o los rituales celtas del País Vasco. Aunque en el Perú, la costumbre tenía antecedentes autóctonos aborígenes prehispánicos en sus ritos agrarios y purificadores.

Algunas comunidades peruanas celebran el rito del año viejo elaborando un muñeco con materiales desechables y elementos pirotécnicos para ser incinerada a la medianoche en medio de los festejos, pero en algunas ciudades, tienen ciertas particularidades para realizar esta costumbre.

Por ejemplo, en el distrito de Parco (Jauja - Junín), los pobladores terminan el año quemando un muñeco al final de la jornada en la plaza central del pueblo, acompañado de un conjunto de danzantes o 'waquis'. Cada uno representa el año que se va, vistiendo ropas pobres, sombreros raídos, alpargatas de cuero de oveja, máscaras de madera en las que se tallan diversas expresiones de estados de ánimo y llevando en la mano una sonaja artesanal confeccionada por él mismo con un pedazo de rama y chapas de botellas aplanadas que hacen sonar mientras danzan a su ritmo mostrando cansancio y pena de tener que irse fingiendo llorar, burlándose de los asistentes a la plaza y realizando piruetas bufonescas, para luego recorrer las calles de la localidad acompañados de músicos para invitando a los pobladores, quienes salen hasta las puertas de sus casas a manera de despedida.

La quema del año viejo en Latinoamérica

NO EN TODA VENEZUELA ES QUEMADO EL AÑO VIEJO

Al contrario de la Quema de Judas, que cubre toda la geografía venezolana, la Quema del Año Viejo, sólo se produce en los estados Lara, Táchira, Mérida y Zulia.

Un texto publicado por Marvelia Escalante el lunes 25 de octubre de 2010 en http://consaboranavidad.blogspot.com reveló respecto a la celebración de ese evento en Venezuela:

En algunos pueblos acostumbran hacer un muñeco grande, casi del tamaño de un hombre y

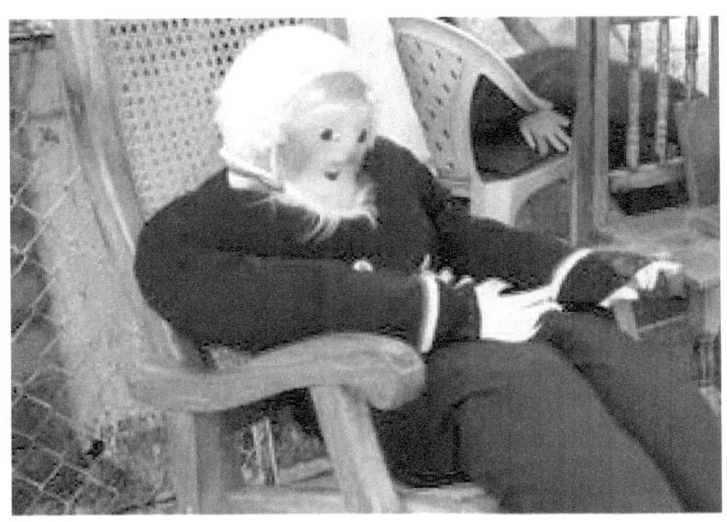

quemarlo en la noche del 31 de diciembre. A esto le llaman la "quema del año viejo". Esta costumbre, como dijimos al referirnos a la quema de Judas, proviene de Europa en donde se halla difundida con iguales o parecidas circunstancias por muchos países.

Marvelia Escalante añadió: "En el Estado Táchira hallamos datos de dicha costumbre en Palmira. El Cobre y San Félix. En el primero de los pueblos mencionados estuvimos esperando en vano que se realizara dicho festejo, el 31 de diciembre de 1959; lo cual prueba que unas veces lo hacen y otras no. En esa ocasión todo el mundo parecía esperar en el pueblo la realización de la quema, y a todos los que preguntábamos no daban una explicación que aclarara por qué no se hacía. Según los datos la quema se efectúa un poco antes de la medianoche; pero en vista de que nuestra espera y averiguaciones resultaban infructuosas, resolvimos irnos a otro lugar a investigar.

Al final del artículo escribió:

-En El Cobre, según las informaciones de Delfín Sayazo, sacan "el año viejo" en un cajón, con el *Padre, monaguillos* (disfraces), dos hombres que van llorando y diciendo todo lo que hacía, y que era muy bueno. Los músicos van delante. Así le daban la vuelta al pueblo. Finalmente, en el campo deportivo "le meten candela; el cajón va taquiado de pólvora".

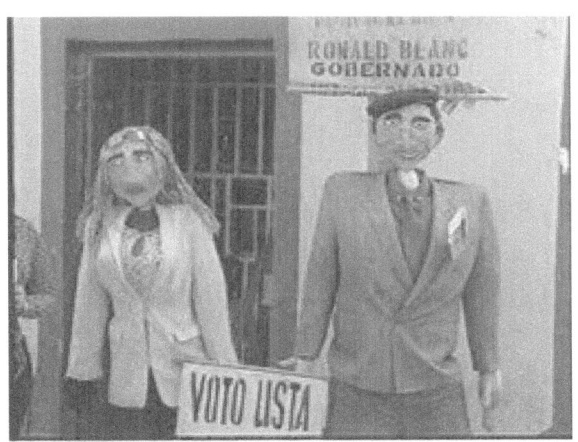

Cerca de San Félix, en el lugar denominado "El Cuatro" vimos recostado a una cerca uno de estos muñecos que había quedado sin quemar. Los vecinos, un poco en broma, dijeron que se llamaba Don Pancracio y explicaron que con él anduvieron parrandeando la noche de año nuevo.

Sobre el mismo tema Rafael Rodríguez, de *El Universal*, escribió el lunes 1 de enero de 2011 bajo el título de "La quema del año viejo dio bienvenida a 2012 en Táchira", el texto que sigue:

Caracas.- Cada 31 de diciembre las comunidades de las distintas poblaciones del estado Táchira celebran su tradicional quema del "año viejo", que consiste en quemar un muñeco que representa los hechos más significativos del año que finaliza.

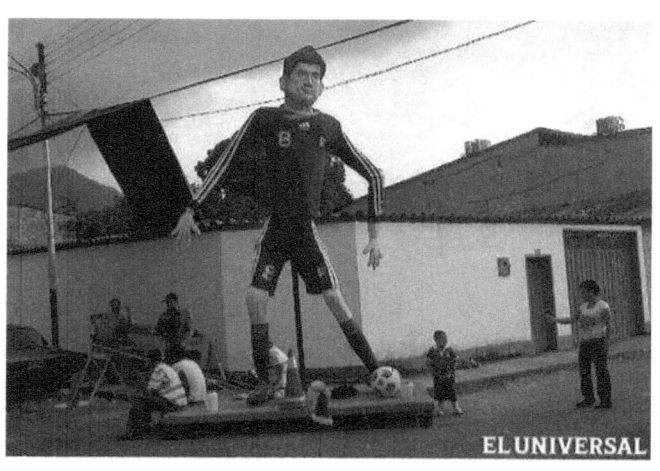

La quema del año viejo en Latinoamérica

Tradicionalmente se quemaba lo malo como símbolo de que con el nuevo año se dejaba atrás, no obstante, con el paso de los años el ingenio y humor del tachirense fue adaptando la costumbre y los monigotes pasaron a representar sencillamente personajes o hechos que marcaron el año que finaliza.

La figura se llena de pólvora que arde con las 12 campanadas como anuncio de la llegada de un nuevo año. Cada barrio o urbanización fabrica su muñeco, generalmente con la colaboración de la muchachada de la vecindad. Una vez que el monigote está fabricado los vecinos lo colocan en una esquina o lugar estratégico donde piden colaboración a quienes pasan para comprar los fuegos artificiales con los que lo llenarán.

En algunos sectores acostumbran a disfrazarse de mujeres para pedir las colaboraciones dándole un toque de humor a la tradición. También se acostumbra ir puerta a puerta solicitando colaboración de todos los vecinos de la cuadra.

Cuando llegan las 12 de la noche, los vecinos se reúnen en las puertas de sus casas para observar la colorida quema del "año viejo" tras lo que se acostumbra dar el abrazo de fin de año a los vecinos del sector.

En la localidad de Colón algunos vecinos tuvieron este diciembre la idea de hacer su "año viejo" con la figura del jugador de la vinotinto Tomás Rincón como homenaje a nuestra selección de fútbol que dio a toda Venezuela algunas de las mayores alegrías de 2011.

Figuras como Papá Pitufo, a propósito de la película de estos personajes en 3D que se estrenó el pasado año, y personajes de las comunidades ardieron esta pasada madrugada dejando así atrás el año 2011 y dando la bienvenida a 2012 en cientos de esquinas del estado Táchira.

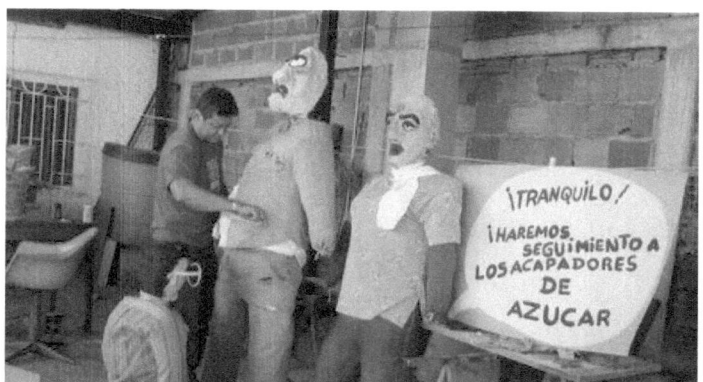

Pero el año 2012 también sufrió en ese estado los rigores del fuego, tal como lo reveló la corresponsal del diario El Nacional en San Cristóbal Eleonora Delgado en un despacho datado el 31 de diciembre del mismo bajo el título de "La Quema del Año Viejo dará la bienvenida a 2013", en los siguientes términos

-A 40 días de la llegada del nuevo año, en Táchira comienza la búsqueda de materiales con los que se dará forma a los muñecos que representarán el año que culmina. Es la tradición de la Quema del Año Viejo, rito que busca acabar con las situaciones que afectaron a los ciudadanos en los 365 días pasados, a través de la incineración de monigotes que simulan esas vivencias difíciles.

Ricardo Flórez es un joven trabajador residenciado en la avenida Octava de La Concordia. Escogió la política "porque fue el tema que más se movió en el año", y la representó con las figuras del presidente Hugo Chávez, el ex candidato presidencial Henrique Capriles Radonski, el ex gobernador César Pérez Vivas y el recién elegido mandatario regional,

José Gregorio Vielma Mora. Los personajes fueron colocados en un sofá compartiendo bebidas y sonrientes.

"Mucha gente me preguntó por qué hice a los cuatro; y no los quemaré en señal de burla, sino para dejar todas esas situaciones en el pasado, y en rechazo a muchas cosas que no han favorecido a nuestro país y a nuestro estado. Entonces los quemo para que todo lo viejo quede atrás. Quiero un año 2013 con más seguridad, con mejores cambios para nosotros", indicó el joven.

Ricardo tuvo la ayuda de sus padres, mientras que otros familiares, amigos y vecinos le facilitaron ropas viejas, zapatos sin uso y hasta un sofá para que representara la reunión de dirigentes políticos.

Cerca de la medianoche, los monigotes serán rellenados con 464 juegos pirotécnicos de diferentes tipos, como morteros, matasuegras, torta de tiros de colores, entre otros, para que, cuando anuncien las 12:00, el 2012 se despida en llamas en el medio de la calle, con las personas alrededor observando su incineración, comiendo uvas y pidiendo deseos, o corriendo con maletas alrededor de los muñecos.

Flórez también se ha destacado por referirse a temas de corte social en sus Quema de Año Viejo. En diciembre de 2011 representó el secuestro con las figuras del beisbolista Wilson Ramos y los dos plagiarios, como ejemplo de una de las situaciones que afectaron al deporte y a la sociedad venezolana en general.

De político a social. *La calle 4 de La Concordia, conocida como la Cuadra de los Politiqueros, es una de las más visitadas los días 30 y 31. Por 32 años consecutivos sus muñecos de Año Viejo han llamado la atención de las personas por el tema que representan, y porque la calle es cerrada para dar paso a la fiesta y conciertos que se convierten en el preámbulo de la celebración de la Feria de San Sebastián, que comienza a sólo cuatro días de estrenarse el año nuevo y que se festeja durante todo enero.*

Explicaron "los politiqueros" que ya no son tales porque optaron por cambiar el asunto por las situaciones de corte social. "Dejamos de ser una cuadra politiquera y ahora somos una cuadra social y popular", dijo Enrique Labrador, uno de los vecinos de la calle 4 de La Concordia y consecuente colaborador y vigilante de la tradición de fin de año.

Explicó que el tema del Año Viejo está relacionado con la especulación y la inflación, así como la escasez de productos regulados: el azúcar, el gas doméstico y el pollo. Esperan que en 2013 en Táchira no se registren fallas de productos de la cesta básica ni de servicios, tal como ocurrió en 2012.

Invitaron al nuevo mandatario regional, José Vielma Mora, a los residentes y a los turistas a que se acerquen, porque, además de exhibir a los monigotes, tendrán presentaciones especiales.

"Aquí pueden venir todos los que quieran. Tendremos la Orquesta de la Fapet (combo musical de Politáchira), Gaiteros Viejos del Saladillo, arpa, cuatro y maracas para despedir

el año 2012 y dar inicio a la preferia", indicó Labrador.

En la población de El Cobre, del Municipio José María Vargas, situada también en el Estado Táchira, la Quema del Año Viejo es una tradición cobrense, según lo reveló Yeisy Basto en un texto publicado en Diario de Los Andes donde dio testimonio de la celebración en 2014.

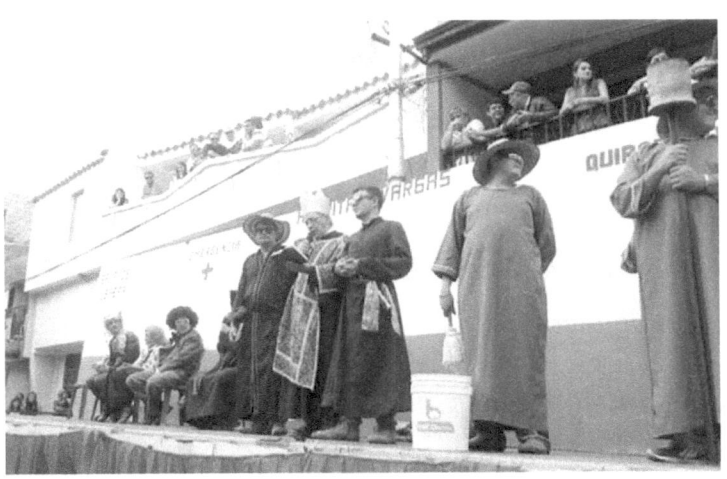

La autora escribió: "Es una tradición anual la quema del año viejo en la localidad de El Cobre, los pobladores organizan el 31 de diciembre la operación del año viejo, luego el 01

de enero se continúa con la leída del testamento y la quema del mismo" y recordó que "Esta costumbre se lleva a cabo en la mayoría de las poblaciones del estado Táchira". Agregó:

Los pobladores de El Cobre y La Grita hacen por cada sector sus propios años viejos, algunos los queman el 31 de diciembre a la media noche y otros el 01 de enero. Los habitantes elaboran un muñeco como una persona del tamaño de un hombre que representa lo malo del año que está finalizando. Esta tradición se realiza desde hace mucho tiempo en el pueblo de El Cobre y la alusión a quemar lo malo simboliza que en el nuevo año el pasado quedará atrás.

En las calles del municipio Jáuregui y José María Vargas se consiguen variedad de muñecos construidos de telas y trapos viejos, cartones, madera, alambres, plásticos o cualquier otro material de desecho, igualmente es vestido con pantalones, camisa, corbata, chaqueta, calcetines, zapatos, sombreros, gorras, lentes y algunos creadores les colocan tabaco en la boca y una botella de miche en una mano. Asimismo, niños, adolescentes y mayores, piden por las calles colaboración para comprar la pólvora que se utilizará en la quema del año viejo.

La operación del año viejo es una actividad que se realiza el 31 de diciembre en la plaza Bolívar de la población de El Cobre, donde los habitantes organizan una dramatización que consiste en representar el año viejo moribundo que poco a poco va muriendo; posteriormente, el 01 de enero, se efectúa la leída del testamento y quema.

Leída del testamento

Se hace la escenificación del rito de la leída del testamento donde tienen al año viejo muerto en un cajón y leen lo que les dejó de herencia. En el famoso testamento se alude a personas más importantes o conocidas por todos en la localidad. Este testamento está hecho por un grupo aproximado de 20 personas, comandados por el señor Alejandro Contreras, este grupo durante todo el año está pendiente de las fallas y cuentos de los pobladores más conocidos para luego recordárselos y hacerlos públicos.

El testamento del año viejo incluye chanzas como por ejemplo: "a mi hijo le dejo mis zapatos para que deje los que lleva puestos que no se los quita ni para dormir; a mi sobrino le heredo mis pantalones para que su mujer lo respete". Antes de comenzar la lectura, los organizadores del evento aclararon que todo es un juego, dijeron: "todo en broma nada en serio, cualquier coincidencia es parte de la imaginación".

Las chanzas que hacen reír a algunas personas disgustan a otras, sin embargo al final todo termina en risas y en bromas. El testamento es escrito en forma de versos y rima y es leído en su totalidad por el padre, quien es el ciudadano Alejandro Contreras.

En esta actividad de la leída del testamento sacan el año viejo en un cajón, con el padre, monaguillos, mujeres y hombres disfrazados, algunos van llorando, otros riendo. Los músicos de la banda van delante y así le dan la vuelta al pueblo hasta llegar al punto final donde se concentran los habitantes para ver la explosión o quema del año viejo; posteriormente le prenden fuego y comienza así el brillante espectáculo pirotécnico que enardece y solo se escucha finalmente el sonido de los traqui-traqui, cohetes, morteros.

La quema del año viejo en Latinoamérica

LA QUEMA DE MONOS EN CHILE

La costumbre de quemar el año viejo, que los chilenos llaman Quema de Monos, generalmente se produce sólo en Arica, Iquique, Tocopilla, María Elena, CalamaAntofagasta, Copiapó, Huasco, La Serena, Perico y Coquimbo.

- En Tocopilla, - se lee en Wikipedia. La enciclopedia libre- algunas veces son grandes esculturas en una tradición que actualmente es apoyada y premiada por la municipalidad local; asimismo se realizan Salnatrones (popularmente llamados Salitrones) que son hogueras con grandes cantidades de salitre en riscos a orillas del mar, provocando grandes estruendos y una atmósfera especial.

Se trata de un rito de purificación que representa quemar lo malo del año pasado para recibir con esperanzas el nuevo año.

-Se dice –explica Wikipedia- que se debe encender un poco antes de las doce, puesto que si se realiza después, se apaga o derrumba antes de la medianoche es señal de mala suerte para el año venidero.

En esa ciudad de la manifestación cultural popular evolucionó siendo hoy una elaborada y gran tradición popular que es incluso apoyada por el municipio en una premiación previa a la quema de medianoche.

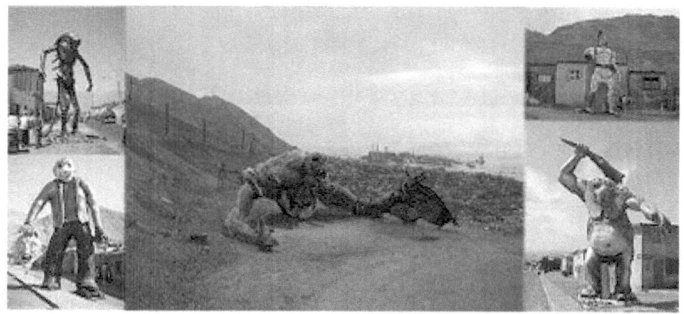

Dicha fuente advirtió que "Si bien, estos monos siguen realizándose con materiales de desecho, actualmente son esculturas de grandes dimensiones que se pueden definir como verdaderas obras de arte, que los habitantes y visitantes suelen fotografiar mientras recorren la localidad".

LA QUEMA DE MUÑECOS DE FIN DE AÑO EN ARGENTINA

La Quema del Año Viejo es llamada por los argentinos Quema de Muñecos, ritual que no se produce en toda la Argentina sino "particularmente en las ciudades de La Plata y Mar del Plata desde los años 50 del siglo XX", como acota un texto de Wikipedia. La enciclopedia libre, que añade:

-En La Plata se realizan grandes esculturas, que son premiadas por una radio local en lo que se denomina "quema de muñecos". En tanto que en la zona oeste de Mar del Plata más precisamente en los barrios de Jorge Newbery, Santa Rosa y Florentino Ameghino los vecinos fabrican monigotes con ropa vieja y cartón los cuales son incinerados en las calles.

Pero también se produce en las ciudades de Quilmes y Campana.

Vino desde Ecuador en 1956, y fue adoptada por Argentina, de manera especial en la región del Gran La Plata, donde a última hora del 31 de diciembre y primera hora del 1 de enero se realiza una quema de muñecos para festejar el fin de año y el comienzo de uno nuevo. Se le denomina momos, que son monigotes similares a los incinerados en otros países latinoamericanos como años viejos.

-Cientos de muñecos – explicó Wikipedia- son quemados para festejar el fin de año, tradición que nació en el año 1956 en la puerta del almacén y bar de 10 y 40, de don Luis Tortora, para homenajear a un jugador de Cambaceres.

Cuentan que los muñecos eran parte de una gran fiesta que empezaba en Navidad, donde en las calles se ponían guirnaldas multicolores que colgaban de los árboles y también había música que se pasaba desde un tocadiscos conectado a grandes bocinas colocadas también en los árboles. La confección de muñecos fue evolucionando y se fueron perfeccionando durante las décadas del ´60 y ´70, hasta que fue interrumpida y prohibida en 1976 por la dictadura militar que tomó el gobierno; pero volvieron con el retorno de la democracia y se generalizan en los 80.

En los 90 hubo un cambio, porque los vecinos de cada barrio empezaron a autoconvocarse para participar en la confección. Por lo general, eran los adolescentes y 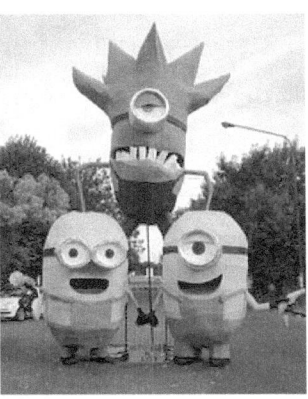 jóvenes de los diferentes barrios que se reunían y planificaban el diseño y construcción del muñeco. Desde ese entonces se realizan concursos donde el mejor muñeco es premiado por el municipio platense y por algunas empresas de medios de comunicación.

-Cabe destacar -precisó Wikipedia- que más allá que sean los adolescentes los que hacen el grueso del trabajo y los más chiquitos los que se paran en las esquinas para recaudar fondos para cubrir los gastos de la confección, son los adultos más experimentados los que planifican el muñeco, no sólo el diseño sino también la estructura y la seguridad, algo que precisa seriedad y profesionalismo (intervienen arquitectos, ingenieros, estudiantes de Bellas Artes y de Diseño de la UNLP entre otros). Los muñecos son también centros de reunión para la gente del barrio, mientras terminan de armarse y durante la quema misma. "Acá pasamos música y nos reunimos con gente que no vemos casi nuca que se acerca para preguntar cómo va el muñeco, al que sienten como propio", dicen los chicos comprometidos en el armado.

Las esquinas tradicionales para la Quema de Momos en La Plata son la 77 entre 13 y 14 desde 1983.

- Arrancaron –recordó Wikipedia- simplemente rellenando ropa vieja y quemándolo a las 12 en punto hasta que en 1988 mejoraron las técnicas de armado, haciendo hoy momos espectaculares. El muñeco que se realiza desde 1993 en la esquina de 17 y 53 es uno de los que más tarde se quema y concentra a miles de platenses en la denominada "Fiesta del Muñeco". Otro muñeco destacado es el de 25 y 64 que, desde diciembre de 1990 ininterrumpidamente, reúne al barrio para su construcción y quema.

Han hecho momos de hasta 12m de altura, cuando construyeron a James P. Sullivan, de Monster Inc. o a Marvin, el marciano de Looney Tunes. En el año 2009 festejaron los 20 años haciendo una reproducción (en menor escala) de los diecinueve muñecos anteriores, y en las bodas de plata fueron Timón y Pumba -del Rey León- los personajes elegidos.

La quema del año viejo en Latinoamérica

NO TODOS LOS MEXICANOS CELEBRAN LA QUEMA DEL AÑO VIEJO

Solamente en los estados de Veracruz, Oaxaca, Chiapas, Yucatán y Tabasco "es muy común la elaboración y quema de efigies del año viejo y de lo negativo durante el año que termina", revela Wikipedia. La enciclopedia libre, añadiendo que "En el Distrito Federal se conserva la tradición sobre todo entre los inmigrantes de los estados mencionados".

Según esa fuente documental "El ritual puede iniciarse dos o tres días antes del Año Nuevo cuando el monigote es puesto al frente de la casa con un recipiente para recabar limosna, que será empleada para comprar cohetes y golosinas". Ese muñeco "También se pasea por las calles acompañado de una comparsa compuesta por una viuda embarazada (que dará a luz al año nuevo), una rumbera y un pequeño grupo musical".

Mientras que "En Veracruz los indígenas mixe-popolucas de Oluta, realizan una danza que es conocida con el nombre de "El

Chenu", que es el nombre que le dan al monigote y los danzantes son niños y jóvenes disfrazados de diablos con ropa de color rojo, máscaras con cuernos, cola y un tenedor largo construido de madera", y. al "Igual que en ciertos países andinos algunos participantes también se disfrazan de viudas, vestidos de negro y semejando estar embarazadas, y su papel es plañir estribillos y llorar a la hora en que se quema el Chenu".

LA QUEMA DEL AÑO VIEJO EN PANAMÁ

El presentador de Miss Universo 2015, Steve Harvey, que anunció por error como ganadora a la colombiana Ariadna Gutiérrez, en lugar de la filipina Pia Wurtzbach, es exhibido en Panamá como un muñeco de año viejo que será quemado para recibir 2016, reportó el diario La Nación el viernes 25 de diciembre de 2015.

-El modelo, -explicó- con una camisa blanca, corbata negra y un saco con un letrero que le cuelga sobre el pecho con la frase "I'm Sorry", se exhibe desde hoy en el Distrito de Chame, unos 72 kilómetros al oeste de Ciudad de Panamá.

La nota periodística explicó que el monigote fue creado por Víctor Álvarez, autor también de los

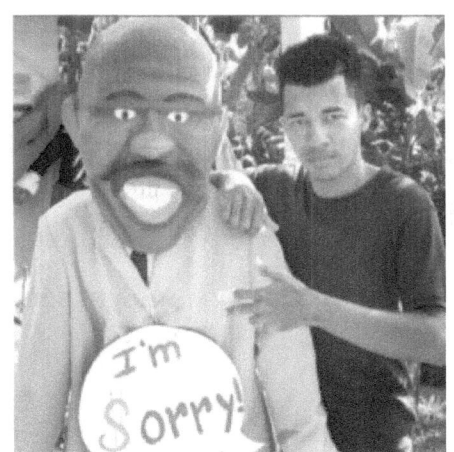

muñecos que simbolizaron al presidente de ese país Juan Carlos Varela, con un caparazón de tortuga en alusión al apodo que le han puesto por su supuesta lentitud para la toma de decisiones, y del expresidente panameño Ricardo Martinelli, con un traje lleno de estrellas con la bandera de Estados Unidos, país donde se encuentra según sus abogados, y un cartel en el que se lee "Y soy rebelde". Esto último en referencia a la declaratoria de rebeldía que le dictó la Corte Suprema de Justicia recientemente por no presentarse a un audiencia que trataría una acusación en su contra por supuestas escuchas ilegales durante su Administración.

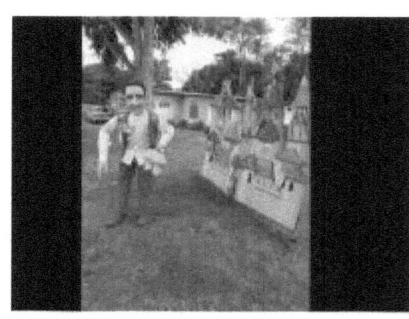

En Panamá se confeccionan muñecos de políticos como una sátira de la situación política y judicial que vive el país como también personajes públicos. Estos muñecos se realizan para la quema del 31

de diciembre como tradición para despedir el año.

El 29 de diciembre de 2014 el diario La Estrella de Panamá reportó en su página Web que "La tradición de la quema de muñecos se toma la carretera Interamericana cada año, y este no es la excepción", pues "Ya se pueden observar distintitas figuras hechas con materiales como, hojas secas, zapatos viejos, ropa vieja y otros artículos que sirven para crear los muñecos de año viejo que caracterizan a personalidades públicas o de la política criolla".

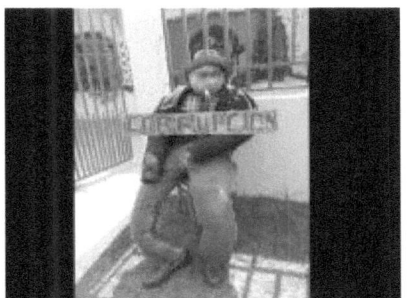

El texto escrito por Dayana Navarro, titulado "Muñecos de año viejo listo para la quema" acotó que "Estos muñecos están listos para la quema el 31 de diciembre como tradición para despedir el año 2014 e iniciar el nuevo año 2015" y agregó que muchos de ellos son "representativos de lo malo o bueno que han sido los personajes públicos durante el año que termina".

Muchos de estos monigotes se venden, según La Estrella de Panamá, "entre 80 dólares y 100 dólares, todo dependiendo del personaje que sea".

El diario panameño explicó que los muñecos que más han llamado la atención ese año fueron "los de, Rafael Guardia, exdirector del PAN, Alejandro Moncada Luna, magistrado separado de la Corte Suprema de Justicia, el

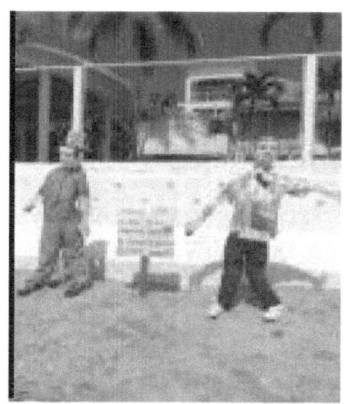 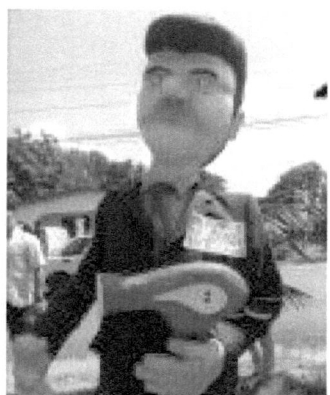

exministro de Desarrollo Social, Guillermo Ferrufino y Roberto Gómez Bolaños (El Chavo)".

LA QUEMA DE EL VIEJO EN NICARAGUA

Según *Wikipedia. La enciclopedia libre* en Nicaragua "Quemar un muñeco lleno de pólvora o El Viejo como se le llama popularmente, representa una despedida de todo lo vivido durante el año que termina sea malo o bueno y es confeccionado de ropa y zapatos y al quemarlo se van todas las penas y todos los problemas".

A lo anterior Cinthya Torres García añadió: "La quema del "viejo" es una tradición que se introdujo en el país desde la década de los noventa, según el investigador del folclor nicaragüense Willmer López".

Los siguientes párrafos del texto publicado en la Web por la autora el 30 de diciembre de 2017 señalan textualmente:

Unos usan sacos y calzan tenis, otros camisas manga larga, algunos también tienen gorra, mientras otros fuman. Todos ellos son "viejos" que serán quemados a la medianoche del 31 de diciembre; una tradición que ha tenido cabida en el país desde inicios de la década de los noventa, explicó el investigador del folclor nicaragüense, Wilmor López.

El "viejo" es una figura que simboliza la despedida del año, y ahora ya es un oficio y un arte, consideró López.

Sin embargo, estos muñecos de estructura de madera, rellenos de papel periódico y vestidos con ropa de paca deben contar con un requisito: "tiene que ser un viejo decrépito, no es un viejo elegantísimo", destacó López.

Los "viejos" se han difundido con el transcurso de los años y ahora hay una diversidad de figuras como "las viejas", haciendo referencia a "las viejas deudas, la vieja amistad, las viejas rencillas", explicó Héctor Villareyna Gaitán, quien tiene 19 años de elaborar "viejos".

Según Villareyna, él empezó en este oficio en León, después de ver como unos vecinos quemaban un "viejo" en el tradicional barrio de Sutiaba.

Tres años antes, concretamente el miércoles 31 de diciembre de diciembre de 2014, Pedro Ortega Ramírez había escrito en EL 19 DIGITAL:

La quema del año viejo en Latinoamérica

Los nicaragüenses nos preparamos para despedir el 2014 y recibir el Año Nuevo con una serie de tradiciones, entre las que destacan la quema del "viejo o la vieja" como símbolo de olvidar todas aquellas cosas malas que nos ocurrieron en los pasados 12 meses y para renovar nuestra fe y esperanza que los futuros días tienen que ser mejores.

En los últimos años esta tradición de quemar o darle fuego al "viejo o vieja" ha aumentado considerablemente, tanto que ahora familias enteras ven en el mes de diciembre, la oportunidad de incrementar sus ingresos fabricando a estas peculiares figuras que son diseñadas de diversos colores y maneras.

Don Héctor Villareina aseguró que su familia tiene 15 años de estar fabricando estos muñecos de trapo y madera, iniciaron en el barrio de Sutiava en León y desde hace 2 años se vinieron a Managua y la respuesta que han tenido de las familias ha sido muy positiva.

"Hemos venido perfeccionando la técnica conforme el tiempo y hemos llegado a ser lo que es ahorita, un esqueleto de madera que yo lo inventé y todas las cosas que tienen y las coplas

(frases) que tienen son hechas por mi", dijo Héctor que tiene su venta de *"viejos y viejas"* de los semáforos de la Racachaca media cuadra al norte.

El viejo se alegra por el Canal

Entre las frases más ocurrentes e ingeniosas que están inscritas en el pecho de estos muñecos de trapo se encuentra una que dice "Que alegría que Nicaragua pronto va a cambiar, aunque sé que este viejo el Canal (Interoceánico) ya no verá".

"Yo no sé si es ironía esta cosa de mis cosquillas, pero creo que es pajuelía lo que inventó todos los días", dice otra frase, pero también los viejitos dan consejos a las familias como "buen provecho a las familias a la hora de celebrar, pero no se pasen de traguitos si van a manejar".

Dijo que en referencia del Gran Canal, lo menciona en uno de sus mensajes, porque el viejo se alegra de esta mega obra, porque vendrá a mejorar las vidas de las futuras generaciones.

"Quienes van a ver el Canal, nuestros hijos, nuestros nietos, nosotros porque ya estamos viejitos, pero gracias a eso va haber mejor posición económica en nuestro país", dijo Héctor que aseguró ha vendido unos 300 muñecos de trapo cada uno con valores entre los 500 y 600 córdobas.

René González, un conocido dirigente deportivo nicaragüense, se contagió de esta tradición por primera vez y compró un "viejo" para darle la despedida al 2014 en su vivienda ubicada en una de las playas del pacifico.

"Yo como un gran amante de la cultura y las tradiciones nicaragüense me ha llamado la atención que este simpático evento se esté trasladando a Managua y por eso estoy aquí en este penúltimo día del 2014 comprando un viejo que representa este año para llevarlo a la playa y desde ahí ver que está tradición se realice en la playa", dijo González.

Agregó que este 2015 el proyecto del Gran Canal es un gran estimulo y crea mucha expectativa "el año 2015 es el año del Gran Canal en Nicaragua y nos ayudará a salir un poco de la pobreza que hemos vivido".

En los diferentes negocios de venta de pólvora, también se está ofertando estos peculiares creaciones que simbolizan el año viejo, Santiago Membreño, vicepresidente de la Asociación de Comerciantes Vendedores de Juegos Pirotécnico, aseguró que los viejos o viejas han tenido buena aceptación, a pesar que en estos lugares una de estas creaciones ronda los mil 200 córdobas, eso sí, con bombas y triquitraques incluidos.

"Aquí tengo esta guapa señora y conocemos ancestralmente que nuestros antepasados tenían esa tradición, así como en la Semana Santa queman a Judas, entonces seguimos esa tradición y le ofrecemos a la población lo que es el viejito de fin de año y hoy está acompañado por la viejita", destacó Membreño.

Si la familia que mantiene esta tradición de quemar el año viejo y quiere comprar la pareja, en estos negocios de pólvora se les hace un atractivo descuento.

"En mi casa lo quemamos todos los años, porque de esa manera dejamos atrás las cosas desagradables que nos ocurrieron y le pedimos *a Dios que nos bendiga con un buen próximo año"*, declaró doña Matilde Jiménez que reside en el barrio Rigoberto López Pérez.

En Nicaragua además de quemar el muñeco que simboliza el año viejo, también se despiden celebrando en unión familiar, con música, comida, estallan juegos de pólvora y hay otros muchos que se comen 12 uvas una por cada uno de los meses del 2015.

Apenas llega las 00:00 horas del año nuevo, retumba por toda la capital y departamentos la quema de la pólvora, a la vez los nicaragüenses nos fundimos en abrazos y besos, como símbolo de unidad y armonía.

El "viejo" tiene un armazón de madera y es rellenado por papel periódico, y después se le coloca pólvora.

En ese país, como la revela Carlos Valle en el diario La Prensa, *la confección de muñecos se ha convertido en un negocio para algunos artesanos. Uno de ellos se convirtió en La Casa de los Viejos y anualmente confecciona unas 500 piezas que distribuye en toda la geografía nicaragüense.*

Esta comercialización ha permitido que Wanda Obando García, con más de dos décadas quemando el año viejo para dejar atrás todo lo malo que sucedió en el transcurso del año que acaba, prefiere comprar el monigote para luego rellenarlo con pólvora y quemarlo en el barrio Camilo Chamorro de Managua, donde ya es una tradición.

Ese año la policía decomisó un muñeco de año viejo porque tenía la cara del presidente Daniel Ortega. Algo similar a lo que ha ocurrido en Venezuela durante la Quema de Judas por llevar el rostro del narcodictador Nicolás Maduro o de algún gobernador del castro-chavismo-madurismo-militarismo.

El 31 de diciembre de 2015 Josué Garay publicó en el Nuevo Diario, bajo el título de "Quema del viejo: "Borrón y cuenta nueva", el reportaje que sigue:

Al acercarse el fin de año, los rituales no pueden faltar para despedir y recibir el Año Nuevo. Y no se trata de comerse las 12 uvas a medianoche o de ponerse ropa interior de color roja, sino de una costumbre que se puede observar todos los 31 de diciembre a lo largo de la capital, tal es la quema del muñeco viejo, el cual representa el ciclo que está por concluir.

Héctor Villareina Gaitán tiene 43 años, de ellos, 17 los ha dedicado a la fabricación de los monigotes viejos que para muchos significan "borrón y cuenta nueva", como él mismo dice.

Entre 450 y 500 muñecos hechos con ropa usada, cartón y papel, relleno de paja o aserrín, es lo que Héctor Villareina elabora junto con 12 personas más, quienes le apoyan en el proceso que inicia en el mes de mayo, todos los años.

La quema del año viejo es una de las tradiciones que muchos capitalinos tienen arraigada. Juana Pastora Urbina tiene 54 años y comenta que desde los 20 años ha tenido la costumbre de elaborar su propio monigote para "darle su buena quemada".

"Con un puro, una botella de licor, de gorra o con sombrero, con barba y bigotes es parte de la imagen que se les da a estos muñecos, quienes en muchos casos representan personajes como políticos, artistas y muchos más", reveló Urbina.

¿Judas?

El sociólogo Carlos Luque refirió que "otro de los nombres que recibe este muñeco, que en muchos casos está relleno con pólvora, es el de Judas; sin embargo, a pesar de tener características similares tiene distintas connotaciones y, por tanto, no se le debe llamar así".

La venta de estos muñecos está en la cercanía de La Racachaca y otro en el barrio Sutiaba, León. Los precios para adquirir oscilan entre 500 y 550 córdobas. "Hay que señalar que los viejos que vendo no llevan pólvora, por las indicaciones que proporcionó la Cruz Roja y los Bomberos", expresó Villavicencio.

Asimismo, comentó que este año la imagen que tienen los viejos es parecida a la del candidato republicano Donald Trump, para que los nicaragüenses se den gusto

La quema del año viejo en Latinoamérica

quemándolo.

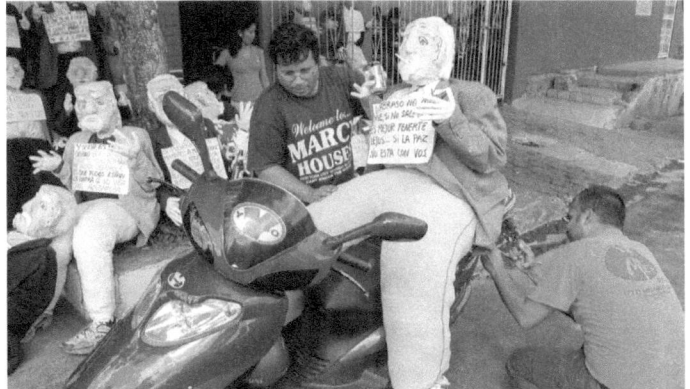

La quema del año viejo en Latinoamérica

HONDURAS

Esta costumbre es celebrada en ciudades como Tegucigalpa y según dicta la creencia popular, al reducir a cenizas un muñeco vestido con ropa vieja y relleno con periódico, diseñado en la mayoría de ocasiones con rostro de políticos que defraudaron, se quema todo lo malo que dejó el año saliente.